BEI GRIN MACHT SICH IHR
WISSEN BEZAHLT

- Wir veröffentlichen Ihre Hausarbeit,
  Bachelor- und Masterarbeit

- Ihr eigenes eBook und Buch -
  weltweit in allen wichtigen Shops

- Verdienen Sie an jedem Verkauf

Jetzt bei www.GRIN.com hochladen
und kostenlos publizieren

Sonja Loidl

Kinder als Leser - Allgemeines, Medien in Kinder- und Jugendbüchern, Harry Potter

GRIN Verlag

Bibliografische Information der Deutschen Nationalbibliothek:

Die Deutsche Bibliothek verzeichnet diese Publikation in der Deutschen National-bibliografie; detaillierte bibliografische Daten sind im Internet über http://dnb.d-nb.de/ abrufbar.

Impressum:

Copyright © 2005 GRIN Verlag GmbH
Druck und Bindung: Books on Demand GmbH, Norderstedt Germany
ISBN: 978-3-638-93636-1

Dieses Buch bei GRIN:

http://www.grin.com/de/e-book/44859/kinder-als-leser-allgemeines-medien-in-kinder-und-jugendbuechern-harry

GRIN - Your knowledge has value

Der GRIN Verlag publiziert seit 1998 wissenschaftliche Arbeiten von Studenten, Hochschullehrern und anderen Akademikern als eBook und gedrucktes Buch. Die Verlagswebsite www.grin.com ist die ideale Plattform zur Veröffentlichung von Hausarbeiten, Abschlussarbeiten, wissenschaftlichen Aufsätzen, Dissertationen und Fachbüchern.

Besuchen Sie uns im Internet:

http://www.grin.com/

http://www.facebook.com/grincom

http://www.twitter.com/grin_com

Kinder als Leser

Allgemeines. Medien in Kinder- und Jugendbüchern. Harry Potter

von

Sonja Loidl

im

PS Sozialgeschichte der Literaturen: Lese(r)forschung

(SS 2005)

(kein inhaltlich übereinstimmendes Referat)

Inhalt

1. Kinder als Leser

1.1. Besonderheiten der Kinder – und Jugendliteratur

„Die intentionale Kinder – und Jugendkultur war seit ihren Anfängen für pädagogische
Zwecke funktionalisiert. Das erzieherische Anliegen war wichtig, nicht künstlerische Qualität
oder Unterhaltsamkeit."[1] Allerdings hat sich in Bezug auf diese Funktion der Kinder – und
Jugendliteratur seit ihren Anfängen Ende des 18. Jahrhunderts einiges verändert. Sie ist zwar
immer noch aktuell, wird aber in die meisten Werke im Sinne einer Nebenabsicht integriert.
Außerdem zeichnet sich Kinder- und Jugendliteratur durch ihre „[…] Einstiegsfunktion aus.
Also dadurch, dass sie gestaffelte Schwierigkeitsstufen hin zu komplexeren und abstrakteren
textuellen Mustern sukzessive zur Verfügung stellt."[2]
Jugendliteratur hat häufig bereits die Komplexität von Erwachsenenliteratur. Und im Falle
von Kinderliteratur sollte Einfachheit (in Stil und Handlungssträngen) nicht mit Simplizität
verwechselt werden. Denn Kinderliteratur ist oft auf mehreren Ebenen rezipierbar, wofür das
Bilderbuch „Aufstand der Tiere" von Jörg Müller und Jörg Steiner ein gutes Beispiel abgibt:
Viele Kleinigkeiten würden einem kindlichen Leser entgehen.
Ein anderes Wesensmerkmal der Kinder – und Jugendliteratur sollte ebenfalls erwähnt
werden: Es handelt sich durchwegs um Werke, die der Zielgruppe zugeschrieben werden.[3]
Instanzen, die eine solche Zuschreibung vornehmen, wären AutorInnen, KritikerInnen und
Verlage. Folglich wurde nicht jedes Werk der Kinder– und Jugendliteratur als ein solches
geschrieben.
Außerdem sollte in diesem Zusammenhang erwähnt werden, dass sich solche Zuschreibungen
je nach gesellschaftlichen Werten und historischen Bedingungen verändern.
Was die Psychologen und Erziehungsorgane zu einem jeweiligen Zeitpunkt der Geschichte
als adäquaten Lesestoff für Kinder und Jugendliche sehen, muss sich nicht zwangsläufig mit
dem decken, was diese tatsächlich bzw. tatsächlich bevorzugt lesen oder gelesen haben.
Die Leseerfahrungen jeder Generation prägen, was sie der nachfolgenden an Lesestoff nahe
legt. Unter anderem dieser Faktor spielt eine große Rolle bei der Herausbildung von
Klassikern.
Einer unter wenigen Gradmessern für die zeitgenössischen Unterschiede zwischen dem, was
Kinder lesen wollen, und dem, was Erwachsene ihnen ans Herz legen, sind
Kinderliteraturpreise, die von Kindern vergeben werden. Im britischen Raum bietet sich das

---

[1] Horst Heidtmann: Kinder-und Jugendliteratur im Medienverbund. Veränderungen von Lesekultur,
Lesesozialisation und Leseverhalten in der Mediengesellschaft. – In: Karin Richter und Sabine Riemann
[Hrsg.]: Kinder - Literatur - "neue" Medien. - Baltmannsweiler: Schneider 2000. S. 23.
[2] Cornelia Rosebrock: Literarische Sozialisation im Medienzeitalter. – In: Cornelia Rosebrock [Hrsg.]: Lesen im
Medienzeitalter. - Weinheim [u.a.]: Juventa 1995. S. 22.
[3] Angelika Mühlbauer: Generic hybridity in the Harry Potter novels. - Wien, Univ., Dipl.-Arb. 2004. S 65.

Beispiel des „Children's Book Award" an. Zahlreiche solche wurden z.B. Roald Dahl verliehen, bevor die Literaturkritik auf ihn aufmerksam wurde.[4]

Wenn von Kinderliteratur die Rede ist, sollte immer mitbedacht werden, dass „Kinder" keine homogene Zielgruppe sind: Sie unterscheiden sich - wie Erwachsene – in Hinblick auf Alter, Geschlecht, Kulturkreiszugehörigkeit und Interessen.[5] Dennoch ist diese Zielgruppe leichter „unter einen Hut zu bringen" als Erwachsenenliteratur, denn Kinder haben gemeinsam, dass sie am Anfang ihrer psychischen und physischen Entwicklung stehen und mit der Kultur-technik Lesen erst vertraut werden müssen.

Deshalb: „Children's literature will often have less complexity of plot, less profundity of psychological analysis, and more simple pleasures and pains than are found in adult writing; […] yet in its creation of new worlds, its explorations of alien points of view, its subtle investigation of language and metaphysics, and its continual spiritual penetration, it gives us a creative country as 'mature' as adult's."[6]

In der akademischen Welt kämpft die Kinder- und Jugendliteratur nach wie vor – besonders in Österreich – um einen gesicherten Platz. Gut sichtbar ist das etwa an der Universität Wien, wo heuer seit den 1980er Jahren zum ersten Mal wieder eine Vorlesung zu diesem Thema gehalten wird.

Dazu möchte ich am Ende dieses Abschnitts Hans-Heino Ewers, einen der führenden Literaturwissenschaftler auf dem Gebiet der Kinder- und Jugendliteratur, zitieren:

„Titel, die weitgehend den für die jeweilige ‚Hochliteratur' maßgeblichen poetischen bzw. literarischen Gesetzmäßigkeiten verpflichtet sind, sind prädestiniert, einen lebenden Beweis dafür abzugeben, dass es sich bei Kinder- und Jugendliteratur nicht um eine triviale oder bloß didaktische, sondern um vollwertige Ausprägung von Literatur handelt […]"[7]

1.2. Kinder als Leser

In der vorliegenden Arbeit muss auf einen Abriss der historischen Entwicklung kindlichen Lesens aus Platzgründen verzichtet werden. Allerdings halte ich es trotzdem für zweckmäßig einige kurze Bemerkungen zu machen:

Gegen Ende des 18. Jahrhunderts begann die Kinder- und Jugendliteratur sich als gesonderter Bereich innerhalb der Gesamtliteratur zu formieren.[8] Eine Konstante quer durch die Geschichte ist, dass „[…]die Familie – als eine Institution, die sich selbst historisch verändert – eine prominente Rolle spiel[t]."[9]

---

[4] Julia Eccleshare: A guide to the Harry Potter novels . - London [u.a.]: Continuum 2002. S. 11ff, S. 33f.

[5] Angelika Mühlbauer: Generic hybridity in the Harry Potter novels. S. 66.

[6] Manlove zitiert nach Angelika Mühlbauer: Generic hybridity in the Harry Potter novels. S. 66.

[7] Hans-Heino Ewers: Die universitäre Perspektive auf die Kinder- und Jugendliteratur im Wandel. – In: Karin Richter und Sabine Riemann [Hrsg.]: Kinder - Literatur - "neue" Medien. - Baltmannsweiler: Schneider 2000. S. 78.

[8] Christa Berg[Hrsg.]: Kinderwelten. - Frankfurt: Suhrkamp 1991. S. 275.

[9] Christa Berg: Kinderwelten. S. 274.

Ob Vater oder Mutter als Vermittler des „Verhaltens" Lesen angesehen wurden, hat sich im Laufe der Zeit verändert. Von Illustrationen lässt sich zum Beispiel ablesen, dass im 19. Jahrhundert dieser Vorgang vom Vater zur Mutter verschoben wurde.[10] Die Vorlesesituation des autoritativen Vorlesens im bürgerlichen Haushalt wurde vom kommunikativen Vorlesen (etwa Reihum-Lesen oder Rollenspiele) abgelöst.[11]

Eine wesentliche Veränderung für das Leseverhaltens von Kindern wie Erwachsenen stellt die Einführung der Schulpflicht dar. Für Kinder ergab sich mit ihr die zuvor nicht da gewesene Unterscheidung von Freizeitlektüre und Schullektüre - im Sinn von Lektüre, die rein dem Wissenszuwachs gewidmet war.[12]

Psychologische Merkmale des Lesens, die vom historischen Umfeld relativ unabhängig sind wären zum Beispiel die folgenden beiden:

Erstens: „Der angenehme emotionale Zustand der Lektüre bleibt in der Erinnerung haften, nicht der Textinhalt, der in dieser affektivem Funktion verdampft. Kinder werden vor allem solche Gefühlsleser."[13]

Und zweitens:„[…]Leseerfahrungen sind nicht von anderen Erfahrungen qualitativ isolierbar. Lesen ist qualitativ selbst eine Art und Weise des Daseins, in der sämtliche denkbaren Erfahrungen gemacht werden können[…]"[14] Umso wichtiger ist es, zu lernen den Unterschied zwischen Wirklichkeit und fiktionaler Wirklichkeit erkennen zu können.

Interessant ist folgende Bemerkung von Cornelia Rosebrock:

„Der einsame, nur aus sich heraus motivierte mit seinen Erfahrungen bei sich bleibende ‚Bücherwurm' war vielleicht schon immer ein Zerrbild des Lesers[…]"[15] Im Gegenteil: Leser möchten über ihre Erfahrungen sprechen. Das gilt nicht nur für Kinder und Jugendliche, sondern auch für Erwachsene. Wäre der Wunsch nach Darüber-Reden nicht vorhanden, gäbe es wohl kaum so etwas wie Autorenlesungen, Buchvorstellungen oder öffentliche Diskussionen, etwa auf Buchmessen.[16] Aber besonders bei Kindern ist es wichtig ihnen beim Verarbeiten ihrer Leseerfahrungen zu helfen, damit sie sie erfolgreich in ihren Erfahrungs- bzw. Wissensschatz integrieren können.

Beachtenswert ist ferner, dass die Kulturtechnik Lesen eine „[…]Schlüsselkompetenz für die Orientierung in der Medienlandschaft und den mündigen Umgang mit einzelnen Medien […][ist]. Diese Bewertung wäre auf mehreren Ebenen durchaus sinnvoll begründbar[…]".[17] So fördert Lesen auf kognitiver Ebene das Rekapitulieren, Erweitern und neu Verknüpfen von Wissen. Auf emotionaler Ebene werden beim Lesen Gefühle produziert, zueinander in Beziehung gesetzt und in den eigenen Schatz integriert. Und auf sozialer Ebene wird die Fähigkeit unterstützt sich in andere hineinversetzen zu können. Im Hinblick auf die mediale

---

[10] Christa Berg: Kinderwelten. S. 279.
[11] Christa Berg: Kinderwelten. S. 280.
[12] Hans-Heino Ewers: Die universitäre Perspektive auf die Kinder- und Jugendliteratur im Wandel S. 178.
[13] Cornelia Rosebrock: Literarische Sozialisation im Medienzeitalter. S. 107.
[14] Cornelia Rosebrock: Literarische Sozialisation im Medienzeitalter. S. 15.
[15] Cornelia Rosebrock: Literarische Sozialisation im Medienzeitalter. S. 21.
[16] Cornelia Rosebrock: Literarische Sozialisation im Medienzeitalter. S. 21.
[17] Cornelia Rosebrock: Literarische Sozialisation im Medienzeitalter. S. 10.

Ebene ist Lesen hilfreich, weil hier die Distanz von Wirklichkeit und Fiktion zunehmend erlernt wird – eine Fähigkeit, die beim Umgang vor allem mit dem Fernsehen wichtig ist.[18] Lesen als eine KulturTECHNIK ist mit einem komplizierten Lernprozess verbunden.

Zusätzlich erschwerend wirkt sich folgendes aus: Bei einem Volksschulkind liegt ein „[…] Missverhältnis zwischen den technischen Lesefertigkeiten und der schon vergleichsweise hoch entwickelten literarischen Verstehensfähigkeit […]"[19] vor. Ist diese erste Krise überwunden, etabliert sich meist eine „relativ stabile kindliche Lesefreude"[20]. Und „wenn der Wunsch, Geschichten selber lesen zu können, der Fähigkeit vorauseilt, treten keine Motivationsprobleme auf […]"[21].Ein weiterer positiv wirkender Faktor ist, dass Kinder ihre erworbene Lesefähigkeit als Schritt in die Unabhängigkeit des Erwachsenseins.[22]

Aber „[d]ie Fähigkeit beim Lesen Lust zu empfinden, stellt sich nicht naturwüchsig ein, sie muss im sozialen Kontext erlernt und eingeübt werden."[23] Allerdings räumt Werner Graf ein, dass „es nicht (ganz) ausgeschlossen [ist], später noch zum Leser zu werden."[24]

Etwas, das im Zusammenhang mit Lesen allgemein oft ins Gespräch gebracht wird ist die Flucht-Funktion. Hierzu sagt Werner Graf Folgendes: „Das lesende Auswandern in eine andere Welt wird oft als Flucht kritisiert[.][…] Solche Bewertungen verkennen jedoch wesentliche Bedeutungsschichten dieser kindlichen Lektüre, die im Selbstverständnis der Leser oft als intensives Bei-sich-Sein verstanden wird. […] Leser fliehen ihr Ich, tun dies aber auf der Suche nach sich selbst oder nach einem Selbst, das sie sein könnten oder wollten."[25]

Eine andere Bemerkung desselben Autors lässt darauf hoffen, dass wer einmal zum Leser geworden ist, dieses Verhalten sein Leben lang beibehält:

„Lesende Phantasiebefriedigung löst die psychische Spannung nie endgültig auf – weswegen Leser immer weiterlesen wollen."[26]

Das gilt grundsätzlich für Leser aller Altersstufen.

Ich schließe an dieser Stelle einige kurze Bemerkungen zum jugendlichen Leseverhalten an: Auf die erste Lesekrise in der Kindheit folgt in der Pubertät die nächste: Nämlich durch die schulischen Auflagen: „Das ‚private' Lesen ist dabei häufig sozusagen triebnah und offen wunschgeleitet […]"[27] und der schulische Kanon widerspricht den Erwartungen, die Jugendliche an ihre bevorzugte Lektüre stellen.

[18] Cornelia Rosebrock: Literarische Sozialisation im Medienzeitalter. S. 10f.
[19] Cornelia Rosebrock: Literarische Sozialisation im Medienzeitalter. S. 24.
[20] Cornelia Rosebrock: Literarische Sozialisation im Medienzeitalter. S. 24.
[21] Werner Graf: Fiktionales Lesen und Lebensgeschichte. Lektürebiographien der Fernsehgeneration. – In: Cornelia Rosebrock [Hrsg.]: Lesen im Medienzeitalter. - Weinheim [u.a.]: Juventa 1995. S. 102.
[22] Werner Graf: Fiktionales Lesen und Lebensgeschichte. S. 102.
[23] Werner Graf: Fiktionales Lesen und Lebensgeschichte. S. 106.
[24] Werner Graf: Fiktionales Lesen und Lebensgeschichte. S.106.
[25] Werner Graf: Fiktionales Lesen und Lebensgeschichte. S.110.
[26] Werner Graf: Fiktionales Lesen und Lebensgeschichte. S. 122.
[27] Cornelia Rosebrock: Literarische Sozialisation im Medienzeitalter. S. 25.

Um den Leser bei der Stange zu Halten wird eine „sekundäre literarische Initiation"[28] notwendig: Diese erfolgt im Idealfall durch den Freundeskreis (analog zur primären literarischen Initiation durch die Familie).[29]

Es wird häufig zu Trivialliteratur gegriffen, da zwar die Themen andere sind, aber „der Komplexitätsgrad der Sprach- und Erzählform den der Kinder- und Jugendlektüre nicht wesentlich übersteigt. Diese Lesehaltung kann auch vom Erwachsenen beibehalten werden [...]"[30]

2. Medien in der Kinder- und Jugendliteratur

2.1. Medien: Eine Definition

Der Begriff „Medium" ist ausgesprochen vielschichtig.

Man bezeichnet damit im gängigen Sprachgebrauch ein Mittel oder etwas Vermittelndes. Er fungiert weiters als Fachbegriff in unterschiedlichen wissenschaftlichen Disziplinen und bedeutet in diesen Zusammenhängen jedes Mal - zumindest geringfügig - Unterschiedliches. Der Begriff kann auch ein spezifisches Phänomen, wie etwa einen technischen Kanal oder ein ästhetisches Kommunikationsmittel, bezeichnen.

Letzterer Definition schließt sich Werner Faulstich , dessen Buch „Grundwissen Medien" für die vorliegende Arbeit als Referenzwerk herangezogen wurde, an.

Faulstich listet u. a. folgende Medien auf[31]:

1. Blatt
2. Brief
3. Buch
4. Chat
5. e-mail
6. Fernsehen
7. Foto
8. Heftchen
9. Internet
10. (Kino-)Film
11. Plakat
12. Telefon
13. Theater
14. Tonträger
15. Video

---

[28] Werner Graf: Fiktionales Lesen und Lebensgeschichte. S. 115.
[29] Werner Graf: Fiktionales Lesen und Lebensgeschichte. S. 116.
[30] Werner Graf: Fiktionales Lesen und Lebensgeschichte. S. 117.
[31] Werner Faulstich [Hrsg.]: Grundwissen Medien. - München: Fink 1994.

2.2. Lesen und Fernsehen in Konkurrenz zueinander

„Wir kennen inzwischen die Lesesuchtkritik, die sich mit dem Ende des 18. Jahrhunderts verbreitete"[32] stellt Bettina Hurrelmann in ihrem Artikel „Lesesozialisation und Medienwelt" fest.

Sie listet auf, wie wenig sich die Argumente im Kampf gegen das „neue" Medium verändert haben.

Interessant im Zuge der, von Hurrelmann angesprochenen, oft praktizierten „Dämonisierung" des Fernsehens spricht auch der Fachterminus „Matthäus-Effekt". Damit ist gemeint, dass bei Viel-Lese-Kindern das Interesse am Fernsehen nachlässt und bei Viel-Fernseh-Kindern kein Leseverständnis aufkommt und zusätzlich „Schäden" wie etwa Sprachschwierigkeiten, Sprachstörungen und Konzentrationsschwierigkeiten (aufgrund der Gewohnheit bei Langeweile das Programm zu wechseln) auftreten. An dieser Stelle interessiert vor allem der Terminus selbst. Denn er wurde aus Matthäus 25, 29 („Denn wer hat dem wird gegeben werden, und er wird die Fülle haben; wer aber nicht hat, dem wird auch, was er hat genommen werden"[33]) hergeleitet, was ganz der von Hurrelmann angesprochenen Tendenz entspricht.[34]

Weiters sagt sie: „[…]Kompetenz zum Dekodieren von Schrift ist heute im Alltag nötiger denn je […]"[35] und „[…] fragwürdig ist die Annahme, dass das Lesen durch die elektronischen Medien aus dem Verhaltensrepertoire völlig verdrängt werden könnte."[36]

Diese Zuversicht bezieht sie aus einer Analyse der Kompetenzen, die mit dem Lesen einhergehen. Davon war bereits weiter oben die Rede:

Um das Gelesene verstehen zu können, müssen Bezüge zu bisher erworbenem Wissen hergestellt werden. Weiters ist der Leser bei Verständnisschwierigkeiten auf den Text selbst zurückgeworfen und muss sich daraus einen Sinn rekonstruieren. Somit ist Lesen eine wichtige Form des Begriffe-Erlernens. Nur mit Hilfe dieser Fähigkeit kann Verständnis für komplexe Sprachgefüge aufgebaut werden.

Diese Kompetenzen sind Schlüsselkompetenzen und kommen also auch - wie bereits erwähnt - im Umgang mit anderen Medien zum Einsatz.

In der Praxis erweist sich, dass lesende Kinder, die ja mit den Techniken des Erzählens – wie Rückblenden, Vorgriffe und Perspektivenwechsel – bis zu einem gewissen Grad bereits

---

[32] Bettina Hurrelmann: Lesesozialisation in der Medienwelt. – In: Ulrike Bischof [Hrsg.]: Konfliktfeld Fernsehen – Lesen. - Wien: Österreicher Kunst- und Kulturverlag 1995. S. 17.

[33] Ulrich Eicke und Wolfram Eicke [Hrsg.]: Medienkinder. Vom richtigen Umgang mit der Vielfalt. - München: Knesebeck 1994. S. 120.

[34] Ulrich Eicke und Wolfram Eicke: Medienkinder. S. 119f.

[35] Bettina Hurrelmann: Lesesozialisation in der Medienwelt. S. 18.

[36] Bettina Hurrelmann: Lesesozialisation in der Medienwelt. S. 18.

vertraut sind, bei der Rezeption von Fernsehsendungen auf weniger Verständnisschwierigkeiten stoßen als „Fernsehkinder".

Das Fernsehen kann diese Kompetenz offenbar schwerer vermitteln als das Lesen, das in einer völlig anderen, dem Gehirn angepassteren, Geschwindigkeit funktioniert.[37]

Auch Christa Berg glaubt nicht an das verdrängt werden des Lesens durchs das Fernsehen: „Die Klage über den Niedergang des Lesens mit der Unterstellung, dass das Fernsehen das Lesen verdränge. Diese Klagen sind ja seit Einführung des Fernsehens Legion[…]"[38]

Weiters stellt sie fest: „Der Chancenvergleich zielt nicht auf eine direkte Konkurrenz von Fernsehen und Buch […]"[39]. Allerdings könnte sich die „[…]Ausweitung des Fernsehkonsums in der Familie in eine Richtung verändern, die dem Bücherlesen wenig günstig ist […]"[40] und die „[…] interaktionalen Bedingungen, unter denen Kinder leicht und selbstverständlich zu Bücherlesern werden, im Zuge des Medienwandels seltener anzutreffen […] sein […]. Dabei betrachte ich Lesen und Fernsehen gleichermaßen als kulturelle Tätigkeiten, die in sozialen Kontexten verankert sind."[41]

Bei Kritik am Fernsehen sollte auch Folgendes nicht außer Acht gelassen werden: „Zum einen hat jedes Medium seine Vorzüge und Nachteile und betont bestimmte Formen der Wahrnehmung und des Denkens […], zum anderen ist die Art des Umgangs mit dem Fernsehen und dem Buch wesentlich."[42]

Auf jeden Fall sollte bei einem Vergleich zwischen Fernsehverhalten und Leseverhalten bei Kindern mitbedacht werden, dass sie mit ersterem Medium bereits vertraut(er) sind, wenn sie zweiterem zum ersten Mal als aktiv Lesende begegnen.[43]

Laut Christa Berg ist es im Allgemeinen so, dass Kinder an Nutzungszeiten des Fernsehers ihre Eltern mit ca. 80% leicht unterbieten, während in Bezug auf das Lesen meist Mütter und Kinder gleichziehen und Kinder mehr lesen als ihre Väter. Deshalb ist es so, dass Kinder Fernsehen eher als eine „Erwachsenentätigkeit" - und somit eher als nachahmenswert – empfinden, als Lesen.[44]

Die Vermutung, dass Kinder und Jugendliche hauptsächlich Programme konsumieren, die für sie als Zielgruppe konzipiert wurden (z.B. Zeichentrickserien, Bravo-TV,…) bewahrheitet sich nicht.[45]

---

[37] Ulrich Eicke und Wolfram Eicke [Hrsg.]: Medienkinder. S. 87.

[38] Christa Berg: Kinderwelten. S. 273.

[39] Christa Berg: Kinderwelten. S. 282.

[40] Christa Berg: Kinderwelten. S. 282.

[41] Christa Berg: Kinderwelten. S. 282.

[42] Richter Karin und Sabine Riemann: Lesen und Fernsehen im Interessenspektrum jüngerer Schulkinder. Ergebnisse einer empirischen Erhebung. – In: Karin Richter und Sabine Riemann [Hrsg.]: Kinder - Literatur – "neue" Medien. - Baltmannsweiler: Schneider 2000. S. 39.

[43] Richter Karin und Sabine Riemann: Lesen und Fernsehen im Interessenspektrum jüngerer Schulkinder. S. 40.+ Boie, Kirsten: Wie gut der Pudding ist merkt man beim Essen. – In: Karin Richter und Sabine Riemann [Hrsg.]: Kinder - Literatur - "neue" Medien. - Baltmannsweiler: Schneider 2000. S. 62.

[44] Christa Berg: Kinderwelten. S. 284.

[45] Richter Karin und Sabine Riemann: Lesen und Fernsehen im Interessenspektrum jüngerer Schulkinder. S. 49.

Auffällig oft werden laut den Studien von Karin Richter und Sabine Riemann „Soaps"
angesehen. Einer der Hauptgründe dafür wird wohl sein, dass in diesen der Wunsch befriedigt
wird „sich dem Erwachsenenleben möglichst nahe zu fühlen"[46]. Dass dieses Gefühl auf Grund
von konstruierten Konfliktsituationen und der überdurchschnittlich hohen Problemdichte
trügt, steht allerdings außer Frage.

Es ist ein interessantes Phänomen, dass „auf dem Kinder- und Jugendbuchmarkt [...] seit
etlichen Jahren zwar die Nachfrage nach den tradierten Unterhaltungsgenres rückläufig [ist],
gleichzeitig bringen Kinder- und Jugendbücher mit Stoffen, die aus anderen Medien adaptiert
werden, ein überproportionales Umsatzwachstum."[47]

Damit sind vor allem Begleitbücher zu TV-Serien, Bücher zu Filmen und Ähnliches gemeint.
Immer aktuell scheinen seit einigen Jahren in diesem Zusammenhang z.B. „Gute Zeiten –
schlechte Zeiten" oder „Charmed" zu sein.

Da dieser Prozess bereits einige Jahrzehnte anhält ist es nicht möglich von einer „Mode" zu
sprechen.

Horst Heidtmann meint, dass es so zu sein scheint, dass traditionelle Kinder- und
Jugendliteratur zunehmend ihre Funktionen einbüßt.[48] Ich halte diese Prognose für etwas
schwarzmalerisch – ähnlich wie die des Unterganges des Buches „verschuldet" durch
Computer und Internet.

Das traditionelle Kinder- und Jugendbuch hat lediglich einen Konkurrenten mehr bekommen,
von dem es allerdings fraglich bleibt, ob er den Sieg davon tragen wird.

Aus den Ausführungen von Karin Richter und Sabine Riemann ergibt sich jedenfalls im
Bezug auf das Konkurrenzverhältnis von Buch und Fernsehen ein ausgesprochen
„beruhigendes" Ergebnis:[49] Kinder haben sehr wohl Interesse an Büchern, wenn auch
hauptsächlich zu Unterhaltungszwecken. Leseförderung sollte allerdings die
Fernsehkompetenz der Kinder bei der Auswahl der Bücher mitbedenken, da diese ihre
Erwartungen bereits stark geprägt hat.

2.3. Medienästhetik in der Kinder– und Jugendliteratur anhand einiger Beispiele

Kinder und Jugendliche nutzen Medien nicht nur, sondern sind auch mit ihnen vertraut. Das
spiegelt sich auch in der Literatur, die für diese Zielgruppe geschaffen oder ihr zugeschrieben
wird: Es kommt (verstärkt natürlich in „neueren" Werken) vermehrt zur Einbindung von
Medien ins Erzählgeschehen und/oder zum Einfluss der Medien auf die Textproduktion.
Bei Ersterem kann man 2 Gruppen unterscheiden:
Einerseits kommt dem Medium Buch, oft im Sinne einer (mehr oder weniger
unterschwelligen) Eigenwerbung selbst größere Bedeutung zu. Andererseits werden andere

---

[46] Richter Karin und Sabine Riemann: Lesen und Fernsehen im Interessenspektrum jüngerer Schulkinder. S. 52.
[47] Horst Heidtmann: Kinder-und Jugendliteratur im Medienverbund. S. 21.
[48] Horst Heidtmann: Kinder-und Jugendliteratur im Medienverbund. S. 21.
[49] Richter Karin und Sabine Riemann: Lesen und Fernsehen im Interessenspektrum jüngerer Schulkinder. S. 58.

Medien immer stärker als Initiationselemente oder wichtige „Requisiten" eingebunden. Es gibt auch die Möglichkeit der Einbindung von Medienästhetik in Texte - zum Beispiel durch häufigen Perspektivenwechsel, der an „Zappen" durch die Fernsehkanäle erinnert. [50]

2.3.a) Buch und Bibliothek

Buch und Bibliothek sind ein häufig verwendetes Motiv in der Literatur. Es lässt sich wohl kaum abstreiten, dass dies mit einer gewissen Eigenwerbung verbunden sein dürfte. Trotzdem darf nicht außer Acht gelassen werden, dass das Buch für sehr lange Zeit das einzige Trägermedium von Erzählungen wie auch Informationen war und auch heute diese Funktionen noch erfüllt. Und als solches ist es ein Gegenstand, der dem/der Autor/in scheinbar unendliche Möglichkeiten eröffnet.

Ich möchte mich an dieser Stelle auf zwei „jüngere" Beispiele von Werken der Kinder- und Jugendliteratur beziehen, in denen das Buch als Medium und die Bibliothek als Aufbewahrungsort dieses schutzbedürftigen Gegenstandes, eine zentrale Rolle spielen. Es handelt sich um Cornelia Funkes „Tintenherz" (2003) und Jostein Gaarder und Klaus Hagerups „Bibbi Bokkens magische Bibliothek"(2001).

Im Ersteren ist ein bestimmtes Buch, nämlich eines mit dem Titel Tintenherz, Gefahrenträger und „Quell allen Übels". Andere Bücher werden als wertvolle, geliebte und auch trostspendende Gegenstände charakterisiert.

Im Zweiten geht es zuerst um ein "Briefbuch", das verschickt wird und schließlich um eine riesige Bibliothek, die aufgebaut wird, um alles Wissen für künftige Generationen aufzubewahren.

Cornelia Funke verpackt „Belehrungen" über den Wert von Büchern wesentlich unauffälliger als Gaarder und Hagerup, deren didaktische Absicht auch für Angehörige ihrer Zielgruppe (also Kinder und Jugendliche) relativ leicht zu durchschauen sein dürfte.

Die beiden Werke sind gute Beispiele dafür, dass zwei Bücher, die dasselbe Medium zum Zentrum ihrer Erzählhandlung machen, vollkommen unterschiedlich sein können was Genre, Stil und Handlung betrifft.

2.3.b) Andere Medien

Ich werde nun einige der, von Faulstich angeführten, Medien im Hinblick auf ihre Verwendung in der Kinder- und Jugendliteratur behandeln. Allerdings ist es im Rahmen dieser Arbeit nicht möglich auf jedes der Beispiele näher einzugehen. Ziel dieses Abschnitts ist es lediglich in gebotener Kürze vorzuführen wie präsent verschiedenste Medien in der Kinder- und Jugendliteratur sind:

---

[50] Hans-Heino Ewers: Die universitäre Perspektive auf die Kinder- und Jugendliteratur im Wandel. S. 78.

Ein Briefchen oder Zettel kann leicht in falsche Hände geraten. Er dient auch gern als Ausgangspunkt für eine Suche, etwa nach einem Verwandten oder sogar, wie zum Beispiel in Andreas Steinhöfels „Beschützer der Diebe", nach einem - offenkundig in Bedrängnis geratenen - Fremden. Wenn man möchte könnte man die „Marauder's Map" in Rowlings Harry-Potter-Serie auch als „Zettelchen" deklarieren, das immer wieder Einfluss auf die Handlung nimmt, seit es im dritten Buch (Harry Potter and the Prisoner of Azkaban) eingeführt wurde.

Die Auffindung oder das Vorzeigen eines Fotos wird von AutorInnen gern als Initialereignis verwendet, wie zum Beispiel in Erich Kästners „Das doppelte Lottchen".

John Marsdens „ Liebe Tracey, liebe Mandy!" ist einer der wenigen Briefromane der Jugendliteratur, der rein aus dem Briefwechsel der beiden Mädchen besteht, und dabei enorme Spannung aufbaut.

Das Telefon, oder auch das „Handy" ist aus zeitgenössischen Werken (nicht nur der Kinder- und Jugendliteratur) als Kommunikationsmittel schwerlich wegzudenken und findet als solches seinen Platz. Ein Beispiel hierfür ist Tamara Bachs „Busfahrt mit Kuhn", wo das Sich-gegenseitig-Anrufen einen wesentlichen Teil der (wenigen) Kommunikation ausmacht.

Ebenso wie das Telefon ist auch Fernsehen ein so zentraler Bereich des Alltagslebens geworden, dass es in vielen Werken der Literatur Erwähnung findet. Dieses Medium findet etwa Eingang in Jörg Müller und Jörg Steiners Bilderbuch „Aufstand der Tiere". Hierbei sollte aber angemerkt werden, dass Kinder nicht die primäre Zielgruppe dieses Buches sind. Es wurde, so scheint es bei der Lektüre, vielmehr geschaffen ohne eine bestimmte Zielgruppe im Blick zu haben.

Der Computer, oder genauer, der Laptop, und e-mails spielen in Fridolin Schleys „Wildes schönes Tier" als Indizien und Werkzeug zu einem minderschweren Verbrechen eine tragende Rolle.

Als letztes Medium in diesem kurzen Streifzug möchte ich das Plakat ansprechen, das als Medium der Information und Warnung in „Harry Potter and the Prisoner of Azkaban" in Form des „Wanted"-Plakats vorkommt. Hier wird über den vermeintlichen Bösewicht informiert und über die Plakate (wie auch über Zeitungsberichte) taucht er immer wieder im Text auf, ohne „körperlich" präsent zu sein.

Und hiermit bin ich bereits bei einem Werk zeitgenössischer Kinder- und Jugendliteratur das Reaktionen wie keines vor ihm hervorgerufen hat.

3. Harry Potter

„'Die mächtigsten Menschen der Welt' titelte die österreichische Wochenzeitschrift Profil im Juli 2001 und die optisch begleitende Weltkugel umfasste neben Putin, Papst und Pop-Ikone Madonna auch den Zauberschüler […]"[51]

---

[51] Heidi Lexe: "Alohomora!. Zur Einleitung. – In: Heidi Lexe [Hrsg.]: "Alohomora!". Ergebnisse des ersten

Diese Coverstory ist, wenn auch weltweit sicher nicht besonders stark rezipiert, sehr aussagekräftig. Es wäre wohl treffender gewesen, die Autorin, Joanne Rowling, unter die mächtigsten Menschen der Welt aufzunehmen (nicht nur unter die reichsten), aber ihre Schöpfung hat sich mittlerweile in einzigartige Weise „verselbstständigt".

3.1. Das Phänomen

Heidi Lexe verbleibt in „Faszination darüber, wie viele unterschiedliche Disziplinen, Ansichten und Lese-Interessen Harry Potter zusammenführt."[52]

Harry Potter ist eindeutig der Kinder- und Jugendliteratur zugeschrieben. Allerdings lässt sich anhand dieses Beispiels das oben erwähnte Phänomen, dass Kinder und Jugendliche auch lesen, was eigentlich nicht für sie bestimmt war, umdrehen: Erwachsene (und derer nicht wenige) stürzen sich genauso wie Kinder, wenn nicht noch mehr, auf Rowlings Bücher. Dieser Tatsache soll im Rahmen dieser Arbeit allerdings nur wenig Raum gegen Ende eingeräumt werden.

Vorerst sei gesagt, dass bei der „Pottermania" der Kinder (bei Jugendlichen trifft dies nicht mehr in solchen Maßen zu) bedacht werden sollte, dass es die Eltern sind, die die Bücher kaufen. Und bei der Auswahl des Bücherkanons spielt neben der vermeintlichen Kindergerechtigkeit - ein Feld, in dem es sicherlich oft zu großen Irrtümern seitens der Eltern kommt - mit Sicherheit auch der eigene Geschmack eine Rolle.[53] Dieser Aspekt ist auch für die Vermarktung von Kinderbüchern wichtig.[54] Dazu weiter unten etwas mehr.

Das Thema Harry Potter im Juli 2005 zu behandeln ist aus zwei Gründen recht spannend: Ersens ist meiste Sekundärliteratur vor Erscheinen des 5. Bandes, „Harry Potter and the Order of the Phoenix", geschrieben worden. Das heißt, dass etliche der Behauptungen der AutorInnen sich nun aus einer anderen Perspektive betrachten lassen: Etwa, wenn Claus Phillip rhetorisch fragt „Wie kann Joanne K. Rowling von all dem Getöse um sie herum ungerührt schreiben?"[55] und im Folgenden auf die stärker an Filmästhetik orientierte Schreibweise von „Harry Potter and the Goblet of Fire"(Buch 4) verweist. Wer „Harry Potter and the Order of the Phoenix" gelesen hat, kann sich aber getrost zurücklehnen, denn hier gibt es bereits wesentlich weniger „geballte Aktion" und eine Vielzahl von Handlungssträngen, die schwer auf der Leinwand zu reproduzieren sein werden. Das Ergebnis des Versuches wird sich voraussichtlich im November 2007 in den Kinos bewundern lassen. Außerdem kann man nach dem Erscheinen von „Harry Potter and the Order of the Phoenix" einige der Prognosen „überprüfen", insbesondere was die Haltbarkeit des Phänomens betrifft.

Wiener Harry-Potter-Symposions. - Wien: Ed. Praesens 2002. S. 10.
[52] Heidi Lexe: "Alohomora!. Zur Einleitung. S. 12.
[53] Suman Gupta: Re-reading Harry Potter. - Basingstoke: Palgrave Macmillan 2003. 9ff.
[54] Mirja Erbs: Perspektiven des Buchmarketings. Eine Untersuchung und ein konkretes Beispiel: "Harry Potter" von J. K. Rowling. - Wien, Univ., Dipl.-Arb. 2002. S. 109.
[55] Claus Philipp: Hogwart. Die Potterisierung der Welt oder Wie überrumpelt man Fans?. - In: Heidi Lexe [Hrsg.]: "Alohomora!". Ergebnisse des ersten Wiener Harry-Potter-Symposions. - Wien: Ed. Praesens 2002. S. 44.

Denn es hieß lange Zeit, dass „Harry Potter and the Order of the Phoenix" „erst" 2002 auf den Markt kommen werde. Gekommen ist es im Juni 2003 und die Fans – wie man die treue Anhängerschaft Harrys und Rowlings sicherlich mit Recht bezeichnen darf – haben gewartet. Und Zweitens wird Mitte Juli 2005 der 6. Band, „Harry Potter and the Half Blood Prince" erscheinen.

3.2. Marketing und Merchandising

Diese beiden Faktoren, wenn auch nicht unbedeutend, sind mit Sicherheit nicht die Hauptursache dafür, dass „[…] „ein Kinderbuch unter vielen" plötzlich für Millionen von Menschen zu einer der prägenden Sagas wird."[56]

Dennoch: „The popularity of Harry Potter emerged with schoolyard chatter, not with marketing hype. Today, two-third of kids ages 8 to 18 have read at least one […] [.] Harry grew organically […]".[57]

Einer der ersten Schritte zum guten Vermarkten von Rowlings Erstlingswerk wurde von Bloomsbury vorgenommen, indem nur die Initialen des Vornamens der Autorin auf die Buchdeckel gesetzt wurden. Man wollte damit dagegen vorbeugen, dass kleine Jungen Hemmungen hätten ein Buch zu lesen, das von einer Frau geschrieben wurde.[58]

Noch dazu kommt, dass man eine zweite Initiale hinzufügte: Das „K" für Kathleen steht nicht auf Rowlings Geburtsurkunde. Sie wurde um eine 2. Initiale aus vermarktungstechnischen Gründen gebeten.[59]

„Das Kennzeichen von Merchandising ist vor allem die multimediale Verwertung von Lizenzen. […] Die Bereiche Medien und Wirtschaft werden durch Merchandising vollkommen vernetzt. […] Gelingt die emotionale Ansprache, hat man die Bedingungen für Popularität geschaffen, welche Basis für effiziente Kommunikation und Vermarktung ist."[60]

Es gibt nicht nur Bücher und Filme, sondern auch Computerspiele, Quizzspiele und vieles mehr.

Wenn eine alles überrollende Welle an Merchandising „[…] eine Rhetorik des Überall-dabei-sein-müssens strapaziert, ist das vor allem für junge Menschen nicht mehr so einfach. Den Film nicht gesehen haben, heißt: Kompetenz aufgeben […]"[61] Dies ist einer der wesentlichsten Aspekte des Harry Potter-Phänomens: Die Bücher werden - besonders von jüngeren Lesern – wahrscheinlich oft nicht nur gelesen, weil die Geschichte sie so sehr fasziniert, sondern um mitreden zu können. Da aber die Zahl derer, die die Bücher tatsächlich

---

[56] Claus Philipp: Hogwart. S. 43.
[57] Suman Gupta: Re-reading Harry Potter. S. 8. + Mirja Erbs: Perspektiven des Buchmarketings. S. 114.
[58] Mirja Erbs: Perspektiven des Buchmarketings. S. 119.
[59] http://www.hp-lexicon.org/about/books/books-hp.html
[60] Mirja Erbs: Perspektiven des Buchmarketings. S. 111f.
[61] Claus Philipp: Hogwart. S. 59.

gelesen haben „auffällig groß"[62] ist, muss der (kindliche) Leser die Bücher tatsächlich gelesen haben, um sich beim „Mitreden" keine Blöße zu geben.

Eines der großen Problematiken, die der „Blockbuster-Markt"[63] mit sich bringt ist, dass die „[…] Hitparadenführenden[…] überproportional zu[legen], dahinter verhungern die anderen Anbieter."[64] In wieweit diese Theorie in dieser grellen Weise zutrifft, halte ich für hinterfragenswert. Ich bezweifele, dass der „Potterkonsum" selbst die Fans davon abhält anderes zu Lesen. Als kleines Indiz führe ich http://www.mugglenet.com/booktrolley/index.shtml an: Dabei handelt es sich um eine Sektion der Fansite „mugglenet", in der zahlreiche Buchrezensionen bzw. Empfehlungen für die „Wartezeit" zu finden sind.

Neben den intensiven Marketings und Merchandising Kampagnen hat sicher auch die Welle an Protesten, die Rowlings Werke ausgelöst haben, stark zu deren Popularität beigetragen.[65] Denn wie es der Figur Hermine in „Harry Potter and the Order of the Phoenix so treffend in den Mund gelegt wurde: „If she could have done one thing to make absolutely sure that every single person in this school will read your interview, it was banning it."[66]

3.3. Breitenwirkung

Was macht Rowlings Werke auf inhaltlicher und erzähltechnischer Ebene so anziehend? Ein interessanter Punk im Zusammenhang mit den Harry-Potter-Büchern ist es, dass sie nicht nur altersunabhängig rezipiert werden, sondern auch kulturunabhängig. Sie wurden bereits in 47 Sprachen übersetzt.[67]

Eines der stilistischen Merkmale von Rowling ist ihr Eklektizismus[68]: Sie verbindet Elemente aus bestimmten Mythen (z.B. Fluffy, der Zerberus nachempfunden wurde, oder Namen wie Arthur und Minerva), Elemente aus anderen Sprachen oder Sprachhistorisches (z.B. Dumbledore, oder Fleur Delacour), märchenhafte Elemente (z.B. Zaubespiegel), Elemente unzähliger literarischer Texte (z.B. der Name Hermione aus „Ein Wintermärchen"), Elemente aus Wissenschaften (z.B.: Astronomie: Sirius, der Hundestern, als Namengeber für einen Zauberer, der sich in einen Hund verwandeln kann) und vieles mehr. Auch ist die Potter-Serie ein Schmelztiegel für zahlreiche Gattungen wie z.B. Detektivgeschichte, Internatsgeschichte, Fantasy und Schauerroman.

---

[62] Heidi Lexe: "Alohomora!. Zur Einleitung. S. 12.
[63] Claus Philipp: Hogwart. S. 60.
[64] Claus Philipp: Hogwart. S. 60.
[65] Suman Gupta: Re-reading Harry Potter. S. 18.
[66] Joanne K.Rowling: Harry Potter and the Orden of the Phoenix . - London: Bloomsbury 2003. S. 513.
[67] Suman Gupta: Re-reading Harry Potter. S. 17.
[68] Wurst, Gottfried: Harry Potter. Eine heilsame Aufregung.– In: Heidi Lexe [Hrsg.]: "Alohomora!". Ergebnisse des ersten Wiener Harry-Potter-Symposions. - Wien: Ed. Praesens 2002. S. 98ff +
Angelika Mühlbauer: Generic hybridity in the Harry Potter novels S. 70ff, S. 86ff, S. 91ff, S. 101ff +
Julia Eccleshare: A guide to the Harry Potter novels. S. 20, S. 32ff, S. 44.

Die Auffindung solcher intertextueller Bezüge, die im überwiegenden Fall dem kindlichen Zielpublikum verborgen bleiben, können jugendliche Leser mit Sicherheit schon zu einem größeren Teil decodieren. Eben diese sind mit Sicherheit einer der Gründe, weshalb diese Bücher auch Erwachsene in ihren Bann ziehen können: Hier wird an die Spannung, die Menschen beim Lösen eines Rätsels empfinden appelliert.

Es gibt noch weitere Gründe, weshalb Erwachsene Harry Potter mit Genuss lesen. Angelika Mühlbauer formuliert es pointiert: „Due to the play with language, such as alliterations and speaking names, richness of detail and comic elements, the Harry Potter novels are also appreciated by adults."[69]

Harry Potter ist somit ein weiteres gutes Beispiel dafür (weiter oben wurde „Der Aufstand der Tiere" erwähnt), dass Kinder- und Jugendliteratur auf mehreren Ebenen rezipierbar ist und dies durchaus vom AutorIn so intendiert sein kann.

Aus eben diesem Grund halte ich es für einen Fehler Kinder als die primäre Zielgruppe anzusehen.

Vor allem dadurch, dass die Hauptfigur innerhalb der Serie heranreift, pubertäre Verhaltensweisen an den Tag legt und mit Situationen konfrontiert wird, die sich außerhalb kindlicher Erfahrungswelt befinden, empfände ich es als ausgesprochen sinnvoll spätestens ab „Harry Potter and the Prisoner of Azkaban" von Jugendliteratur zu sprechen.

Ich möchte noch einige mögliche Hintergründe für den Erfolg der Potter-Serie ansprechen: Kaspar Spinner führt aus Sicht der Lese- und Tiefenpsychologie folgende 10 Punkte an, die zum Teil für alle Altergruppen als Lesemotivation gelten können:[70]

Der erste ist, das Spiel mit Identität, das im Leser den Wusch erfüllt jemand anderes zu sein und gleichzeitig wird - ähnlich wie bei Rätsellösungen - immer mehr über die Hauptfigur erfahren.

Als zweiten Punkt wird Minderwertigkeitsgefühl in Abwechslung mit Grandiositätsphantasie genannt: Beides Gefühle die Harry Potter empfindet und mit ihm der Leser – in angenehmer Distanz zu sich selbst.

Naive Unbekümmertheit im Wechsel mit Klugheit ist der dritte Punkt. Damit ist sowohl gemeint, dass der Leser darauf vertrauen kann, dass die Hauptfigur (zumindest bis zu Band 7) alle Gefahren übersteht, als auch, dass beide Verhaltensweisen der Figur durch deren Abwechslung das Lesevergnügen steigern.

Außerdem führt Spinner das Motiv der Elternlosigkeit an, welches in der Kinder- und Jugendliteratur weit verbreitet ist. Dieses Motiv spricht eher die jüngeren Leser an: Es hilft dem Kind die Angst seine Eltern zu verlieren und das Gefühl gelegentlich von ihnen „weggestoßen" zu werden zu verarbeiten. Außerdem ermöglicht es auf der Ebene der Erzählung eine gewisse Handlungsautonomie, die für den plot Grundvoraussetzung ist.

---

[69] Angelika Mühlbauer: Generic hybridity in the Harry Potter novels. S. 67 +
Julia Eccleshare: A guide to the Harry Potter novels. S. 6, S. 16.
[70] Spinner, Kaspar H. [Hrsg.]: Im Bann des Zauberlehrlings? Zur Faszination von Harry Potter. - Regensburg: Pustet 2001. S. 11ff.

Ein anderes Motiv, das die Texte „sympathisch" macht, ist das der Peergroup, das die Lebenswirklichkeit von Jugendlichen abbildet und sie daher anspricht.

Weiters nennt der Autor Angstlust, Humor, die Verknüpfung von realer und phantastischer Welt, die Darstellung einer Welt, die der Unübersichtlichkeit der Wirklichkeit entgegentritt und den Sieg über das Böse und den Tod.

Die letzten beiden Punkte sind allerdings mit Voranschreiten der Serie, die ja zunehmend düsterer wird, nur mehr bedingt gültig: Der Tod wird vielmehr rlebt – wenn auch nicht am eigenen Leib - und die fiktive Wirklichkeit der Zaubererwelt wird, wegen der immer zahlreicher werdenden Handlungsstränge und der Ausweitung der Schauplätze, immer komplexer.

Die Fähigkeit und Möglichkeit sich mit einer Hauptfigur zu identifizieren ist besonders für junge Leser wichtig. Harry Potter, der Brillenträger, der Schwierigkeiten mit seiner Berühmtheit hat und aus dessen Perspektive der Leser die Geschichte mitbekommt ist eine gute Identifikationsfigur. [71]

3.2. Fans

Am Ende dieser Arbeit möchte ich noch ein paar Bemerkungen zum Begriff des Harry-Potter-Fans machen. Diese Gruppe umfasst, meines Erachtens, zwar weit weniger Kinder als viel mehr Jugendliche und Erwachsene, sollte aber der Vollständigkeit halber erwähnt werden. (Besonders da es ihrer einige Tausend, wenn nicht sogar Hunderttausende gibt. Allerdings dürfte eine Erhebung genauer Zahlen in diesem Fall schwierig sein.)

Laut http://dict.die.net ist ein „Fan" ein „enthusiastic devotee". Menschen, die keine Anhänger einer bestimmten Sache sind würden Fans meist eher als verrückt als enthusiastisch bezeichnen.

Was die Fans des Zauberlehrlings auf die Beine stellen erstreckt sich von Homepages, Fanfiction und Privatübersetzungen bis hin zu Releasepartys und Konferenzen. In Reading wird heuer die erste solcher Konferenzen in Europa stattfinden, allerdings nur für Erwachsene. [72]

Besonders medienpräsent ist die Harry-Potter-Fangemeinde immer an den Erstverkaufstagen des jeweils neuen Buches, wobei bei Aktionen dieser Art auch oft Kinder mit von der Partie sind. Ich zitiere Mirja Erbs: „Solche Szenen [wie die am Erstverkaufstag des 4. Bandes] sind uns eher von Musikkonzerten diverser Popstars bekannt, aber eigentlich nicht aus der Buchbranche."[73]

Ich erlaube mir die Mutmaßung, dass das Konzept von Rowling, „clues" auf spätere Ereignisse vom ersten Buch an einzubauen, ein wesentlicher Faktor dabei ist, dass die Fans

---

[71] Julia Eccleshare: A guide to the Harry Potter novels. S. 22.

[72] www.accio.org.uk

[73] Mirja Erbs: Perspektiven des Buchmarketings. S. 116.

bei der Stange bleiben. Dies ist möglich, weil die Autorin, laut Selbstaussage, alle 7 Bände bereits bei der Entstehung des ersten durchgeplant hatte.[74]

Im „mugglenet" gibt es eine eigene Sektion namens „editorials", in der mittlerweile hunderte Essays darüber zu finden sind was nicht, warum in Band 6 und 7 passieren könnte. Der stolzeste Tag im Leben eines Editorial-Autors wird es wohl sein, eine seiner Theorien im nächsten Band bestätigt zu bekommen.

Diese Dynamik wird seit Mai 2004 auch durch eine neue Plattform unterstützt: http://www.jkrowling.com, die Website der Autorin persönlich, auf der sie ausgewählte Fragen beantwortet, Gerüchte niederschlägt und sogar einen „Fansite Award" vergibt.

Abschließend bleibt nur noch zu sagen: Accio „Harry Potter and the Half Blood Prince!" [Herbeirufezauber]

4. Literaturverzeichnis

4.1. Primärliteratur

- Bach, Tamara: Busfahrt mit Kuhn. - Hamburg: Oetinger 2004.
- Funke, Cornelia: Tintenherz. - Hamburg: Dressler 2003.
- Gaarder, Jostein u. Klaus Hagerup: Bibbi Bokkens magische Bibliothek. A. d. Norweg. von Gabriele Haefs. - München: Hanser 2001.
- Kästner, Erich: Das doppelte Lottchen. – Hamburg: Dressler 1983.
- Marsden, John: Liebe Tracey, liebe Mandy. A. d. Engl. von Heike Brandt. – Weinheim: Beltz 2003.
- Müller, Jörg und Jörg Steiner: Aufstand der Tiere oder Die neuen Stadtmusikanten. - Frankfurt am Main [u.a.]: Sauerländer 1995.
- Rowling, Joanne K.: Harry Potter and the Philosopher`s Stone. - London: Bloomsbury 1997.
- Rowling, Joanne K.: Harry Potter and the Chamber of Secrets. - London: Bloomsbury 1998.
- Rowling, Joanne K.: Harry Potter and the Prisoner of Azkaban. - London: Bloomsbury 1999.
- Rowling, Joanne K.: Harry Potter and the Goblet of Fire. - London: Bloomsbury 2000.
- Rowling, Joanne K.: Harry Potter and the Orden of the Phoenix . - London: Bloomsbury 2003.
- Schley, Fridolin: Wildes schönes Tier. - In: Saskia Heintz [Hrsg.]: Männer kennen keinen Schmerz: Geschichten über die Eifersucht. - München: Hanser 2003. S.36 – 65.
- Steinhöfel, Andreas: Beschützer der Diebe. - Hamburg: Carlsen 1994.

---

[74] Julia Eccleshare: A guide to the Harry Potter novels. S. 6.

4.2. Sekundärliteratur

- Berg, Christa [Hrsg.]: Kinderwelten. - Frankfurt: Suhrkamp 1991.
- Boie, Kirsten: Wie gut der Pudding ist merkt man beim Essen. – In: Karin Richter und Sabine Riemann [Hrsg.]: Kinder - Literatur - "neue" Medien. - Baltmannsweiler: Schneider 2000. S. 62 – 67.
- Eccleshare, Julia: A guide to the Harry Potter novels / Julia Eccleshare . - London [u.a.]: Continuum 2002.
- Eicke, Ulrich und Wolfram Eicke [Hrsg.]: Medienkinder. Vom richtigen Umgang mit der Vielfalt. - München: Knesebeck 1994.
- Erbs, Mirja: Perspektiven des Buchmarketings. Eine Untersuchung und ein konkretes Beispiel: "Harry Potter" von J. K. Rowling. - Wien, Univ., Dipl.-Arb. 2002.
- Ewers, Hans-Heino: Die universitäre Perspektive auf die Kinder- und Jugendliteratur im Wandel. – In: Karin Richter und Sabine Riemann [Hrsg.]: Kinder - Literatur - "neue" Medien. - Baltmannsweiler: Schneider 2000. S. 74- 79.
- Faulstich, Werner [Hrsg.]: Grundwissen Medien. - München: Fink 1994.
- Gelberg, Barbara: Ein Buch ist ein Buch ist ein Buch. – In: Karin Richter und Sabine Riemann [Hrsg.]: Kinder - Literatur - "neue" Medien. - Baltmannsweiler: Schneider 2000. S. 69 – 72.
- Graf, Werner: Fiktionales Lesen und Lebensgeschichte. Lektürebiographien der Fernsehgeneration. – In: Cornelia Rosebrock [Hrsg.]: Lesen im Medienzeitalter. - Weinheim [u.a.]: Juventa 1995. S. 97 – 125.
- Gupta, Suman: Re-reading Harry Potter. - Basingstoke: Palgrave Macmillan 2003.
- Heidtmann, Horst: Kinder-und Jugendliteratur im Medienverbund. Veränderungen von Lesekultur, Lesesozialisation und Leseverhalten in der Mediengesellschaft. – In: Karin Richter und Sabine Riemann [Hrsg.]: Kinder - Literatur - "neue" Medien. - Baltmannsweiler: Schneider 2000. S. 20 – 35.
- Hurrelmann, Bettina: Lesesozialisation in der Medienwelt. – In: Ulrike Bischof [Hrsg.]: Konfliktfeld Fernsehen – Lesen. - Wien: Österreicher Kunst- und Kulturverlag 1995. S. 17-33.
- Lexe, Heidi: "Alohomora!. Zur Einleitung. – In: Heidi Lexe [Hrsg.]: "Alohomora!". Ergebnisse des ersten Wiener Harry-Potter-Symposions. - Wien: Ed. Praesens 2002. S. 10 – 13.
- Mühlbauer, Angelika: Generic hybridity in the Harry Potter novels. - Wien, Univ., Dipl.-Arb. 2004.
- Philipp, Claus: Hogwart. Die Potterisierung der Welt oder Wie überrumpelt man Fans?. – In: Heidi Lexe [Hrsg.]: "Alohomora!". Ergebnisse des ersten Wiener Harry-Potter-Symposions. - Wien: Ed. Praesens 2002. S. 41 – 60.
- Richter Karin und Sabine Riemann: Lesen und Fernsehen im Interessenspektrum jüngerer Schulkinder. Ergebnisse einer empirischen Erhebung. – In: Karin Richter und Sabine Riemann [Hrsg.]: Kinder - Literatur - "neue" Medien. - Baltmannsweiler: Schneider 2000. S. 36 – 59.
- Rosebrock, Cornelia: Literarische Sozialisation im Medienzeitalter. – In: Cornelia Rosebrock [Hrsg.]: Lesen im Medienzeitalter. - Weinheim [u.a.]: Juventa 1995. S. 9 – 29.
- Spinner, Kaspar H. [Hrsg.]: Im Bann des Zauberlehrlings? Zur Faszination von Harry Potter. - Regensburg: Pustet 2001.

- Wurst, Gottfried: Harry Potter. Eine heilsame Aufregung. – In: Heidi Lexe [Hrsg.]: "Alohomora!". Ergebnisse des ersten Wiener Harry-Potter-Symposions. - Wien: Ed. Praesens 2002. S. 97 – 108.

4.3. Homepages

- http://dict.die.net [Stichwort: Fan]
- http://www.accio.org.uk
- http://www.hp-lexicon.org
- http://www.jkrowling.com
- http://www.mugglenet.com